M. F. LAPAINE.

Perpignan, le 29 décembre 1867.

Une grande douleur est venue, dans la nuit du 28 au 29, frapper la ville de Perpignan. Du chef-lieu, elle s'étendra dans tout le département ; le gouvernement la ressentira ; elle retentira surtout en Algérie : M. Lapaine, préfet des Pyrénées-Orientales, est mort subitement, le 28, à dix heures du soir.

Il avait, suivant son habitude, consacré sa journée au travail ; et c'est le soir, à sa table de famille, qu'il se sentit atteint de douleurs néphrétiques.

M. le docteur Passama, appelé en toute hâte, dicta les prescriptions usitées en pareil cas, et ne quitta le malade que lorsque celui-ci lui eut dit qu'il se trouvait mieux et qu'il allait dormir.

Moins d'une heure après, M. Passama accourait de nouveau auprès de M. le préfet, mais il ne trouvait plus en lui qu'un cadavre que, ni ses efforts, ni ceux de M. le docteur Bocamy, ne pouvaient plus rappeler à la vie.

Les intimes se pressaient en même temps auprès de Mme Lapaine ; et, parmi eux, notre vénérable évêque, Mgr Ramadié, qui s'était jeté, l'un des premiers, au plus fort des larmes et du désespoir.

A onze heures, tout était consommé. La fatale nouvelle s'était répandue ; les cafés, les cercles étaient abandonnés ; des groupes graves et tristes se formaient : on était dans l'attente, comme si la mort rendait jamais ses victimes.

Avec le jour, la cruelle certitude du lugubre événement a pénétré dans les quartiers les plus pauvres de la ville ; et c'est de là que sont montés au ciel les regrets les plus vifs ; car si M. Lapaine avait acquis une si haute position dans l'administration ; s'il avait attiré à lui la respectueuse sympathie des classes élevées de la société, il avait, par-dessus tout, conquis l'amour des ouvriers et des pauvres.

Il avait mérité la confiance du gouvernement par son dévouement sans bornes à la chose publique, et par l'étendue de ses connaissances administratives.

Il avait gagné l'estime des gens du monde par l'élévation de son caractère, la cordialité de ses relations, la fécondité de son esprit, la richesse de son instruction.

Il s'était attiré les bénédictions des indigents par son ingénieuse et intarissable charité. Qu'importait à M. le Préfet que les fonds administratifs de secours fussent épuisés ; M. Lapaine savait trouver dans sa bourse des soulagements pour tous les besoins ; dans son cœur, des consolations pour toutes les infortunes.

Il y a plus de vingt-cinq ans, nous voyions M. Lapaine arriver en Algérie, et, soldat généreux de la civilisation, débuter par les plus bas grades administratifs. Pendant que nous versions notre sang pour faire la conquête de cette nouvelle France, il dépensait, lui, des trésors d'intelligence et de volonté, il usait sa santé pour l'organiser. Aussi arrivait-il au sommet de la hiérarchie administrative dans le même temps et avec le même éclat que nos généraux les plus illustres atteignaient les hautes fonctions militaires.

Et ce n'est pas sans raison que nous avons dit déjà que la nouvelle de sa mort retentira douloureusement en Algérie, dans ce pays où, commissaire civil, secrétaire général du gouvernement et préfet, M. Lapaine avait laissé partout l'empreinte de ses décisions, reconnaissables au cachet de la plus intelligente bonté.

Nous savons tout ce qu'il a fait dans notre département.

Arrivé parmi nous dans des circonstances difficiles, il avait mis tous ses soins à calmer les esprits irrités, à guérir les amours-propres blessés, à réunir les hommes divisés. Jamais ni son intelligence si remarquable, ni son cœur si loyal et si bon, ne se sont rebutés ; et si l'on dit de certains hommes regrettés qu'ils sont passés en faisant le bien, l'on peut affirmer de lui que sa vie s'est consumée à poursuivre le bien en tous lieux et sous toutes les formes.

Après cet aperçu, trop rapide et trop incomplet, hélas ! des vertus de l'administrateur que nous pleurons, nous serait-il permis de dire ce qu'était l'homme privé, l'époux, le père de famille ?... Non !... car il faudrait lever le voile sous lequel se cachaient les vertus les plus simplement patriarchales, raviver des douleurs sacrées, devant lesquelles les nôtres pâlissent, et nos plaintes ne sont qu'un vain son.

Que notre respectueux silence parvienne à cette famille à laquelle un instant a enlevé ce qui faisait son orgueil et son bonheur, comme un témoignage du profond et inaltérable attachement d'une population douloureusement frappée du coup qui l'atteint elle-même.

A. BLANC.

Rien de ce qui est noble et grand ne saurait être étranger à l'armée, et c'est ainsi que, s'associant au deuil public, M. le général de division commandant la 11e division militaire a porté à la connaissance des troupes sous ses ordres le douloureux événement qui frappe le département dans ses affections et dans ses espérances.

Voici dans quels termes s'exprime l'honorable général Bisson :

A. B.

ORDRE DE LA DIVISION.

« M. Lapaine, préfet des Pyrénées-Orientales, est mort subitement cette nuit, à dix heures.

» Cette funeste nouvelle, répandue ce matin dans Perpignan, y a jeté la consternation et la douleur.

» M. Lapaine, si capable et si conciliant dans ses fonctions administratives, si distingué et sympathique dans ses relations politiques et privées, sera pleuré par tous après sa mort, car il a été aimé et respecté par tous pendant sa vie.

» En annonçant ce malheur public aux troupes de la garnison, le général commandant la 11ᵉ division militaire exprime le désir qu'elles s'associent au deuil général : il n'y aura donc, au 1ᵉʳ janvier, ni aubade, ni visite de corps à Perpignan, ni dans les places des Pyrénées-Orientales.

» Puisse ce témoignage de nos regrets unanimes et de notre estime sincère consoler plus tard une famille que la perte d'un si bon père vient de réduire au désespoir.

» Un ordre de la place va régler les détails de la cérémonie funèbre. Retenu chez lui par l'état de sa santé, le général commandant la division regrette vivement de ne pouvoir s'y trouver en personne ; il y assistera certainement de cœur.

» Au quartier général, à Perpignan, le 29 décembre 1867.

» Le général commandant la 11ᵉ division militaire,

» Signé : BISSON. »

Le 30 décembre 1867.

Aujourd'hui, à dix heures et demie, ont eu lieu les funérailles de notre bien-aimé préfet : noble et touchant adieu des administrations civiles, de la magistrature, des municipalités, de l'armée et des populations, à celui qui avait été leur conseiller bienveillant, leur ami fidèle, leur protecteur dévoué.

Pendant la nuit, l'entrée de la préfecture avait été transformée en chapelle ardente ; la façade avait été cachée sous des tentures de deuil ; et, dès le matin, nous avons pu déposer nos prières au pied de ce cercueil, recouvert de l'habit de préfet, de la croix de commandeur de la Légion-d'Honneur, des insignes de divers ordres étrangers, et renfermant les restes de celui qu'animait hier encore le feu de l'intelligence et de la charité.

Tout le clergé de Perpignan s'était joint à celui de la cathédrale, et, à sa tête, marchait Mgr Ramadié, Sa Grandeur n'ayant voulu laisser à personne le soin de faire la levée du corps de l'ami auquel l'unissait une communauté parfaite de sentiments, ni celui de donner une dernière consolation à cette famille dont il avait calmé les premières angoisses.

Conformément aux règlements en vigueur, toutes les troupes de la garnison étaient présentes, sous le commandement de M. le colonel Weissenburger, du 17ᵉ de ligne, et leur ordre avait été réglé par l'autorité militaire avec la plus parfaite prévoyance.

Le cortége s'ouvrait par un pelóton de chasseurs à cheval. Après lui marchait le 17ᵉ de ligne en colonne par pelotons, précédé des sapeurs, des tambours et de la musique. Ces troupes étaient suivies du clergé et du cercueil porté par les pompiers, dont la compagnie formait la haie, en même temps que la gendarmerie.

Le poèle était tenu par MM. le général Cambriels, commandant la subdivision ; Passama, maire de Perpignan ; Picas, président du tribunal de notre ville ; Gaffory et comte de Pontbriant, sous-préfets de Céret et de Prades, et Bach, colonel d'artillerie en retraite, membre du conseil général du département.

Le deuil était conduit par M. Baragnon, secrétaire général de la préfecture, et M. de La Blanche, secrétaire particulier de M. le Préfet. Derrière eux marchaient MM. les conseillers de préfecture, suivis de tous les employés de la préfecture. Venaient ensuite les tribunaux en robe, les administrations, la municipalité de Perpignan et son conseil, l'état-major de la division, tous les officiers sans troupe et ceux non de service, les corps enseignants, toutes les notabilités industrielles, commerciales, les citoyens de diverses classes et de conditions différentes, des ouvriers surtout et des pauvres, tous mornes, abattus, le plus grand nombre les yeux noyés de larmes.

Dans cette foule immense, qui tenait encore à l'hôtel de la préfecture quand sa tête était déjà à la cathédrale, on remarquait des personnes étrangères à la ville : c'étaient des magistrats, des administrateurs venus des points les plus éloignés du département.

Plusieurs d'entre eux nous étaient connus, et nous pouvons citer, comme venus de Prades avec M. de Pontbriant, MM. Jacomet, juge au tribunal et conseiller général ; Boistard, procureur impérial ; Meneissier-Nodier, receveur particulier ; Barthé, ingénieur ; Paillarès, maire du chef-lieu de l'arrondissement ; M. le colonel de Lacour, maire d'Ille. M. le sous-préfet de Céret avait été accompagné de M. le maire de cette ville, de M. Comes, président du tribunal, et de M. le maire d'Amélie-les-Bains. Nous avons, en outre, reconnu dans l'assistance M. le maire de Baixas, et M. le juge de paix du canton de Sournia, en·robe. — Le cortége était fermé par le 82ᵉ de ligne, — les deux régiments avaient leur drapeau voilé. Toutes nos communautés religieuses escortaient ou suivaient le cercueil ; dominicaines, sœurs des pauvres, filles de Saint-Vincent, priaient avec une touchante ferveur ; un groupe d'élèves de l'école des frères grossissait le nombre des cœurs pénétrés de la perte que nous venons de faire ; des députations de l'orphéon, des loges maçonniques et des divers corps d'état, donnaient à cette imposante cérémonie le caractère que nous lui avions reconnu : celui d'un véritable deuil public.

L'office divin a été célébré par M. l'abbé Melge, curé de la cathédrale, assisté de deux de ses vicaires. M. Petit a tenu l'orgue ; et la musique du 17ᵉ a joué une symphonie pendant l'Offertoire.

Monseigneur a donné l'absoute ; et le cortége funèbre a pris sa marche vers le cimetière au milieu d'une foule qu'on peut appeler la ville entière, et dont l'attitude avait la plus touchante éloquence.

Le cercueil a été provisoirement déposé dans le caveau de la famille Henri Boluix, et trois discours ont été prononcés au moment où finissaient les dernières prières.

Le premier, l'a été par M. Baragnon, secrétaire général à la préfecture ; le second, par M. Noé, membre du conseil général ; le troisième, par M. Passama, maire de Perpignan.

Nous donnons plus loin ces trois discours, peignant sous trois aspects différents une chose qui était UNE cependant : l'intelligente bonté de M. Lapaine.

Et à l'heure où nous écrivons ces lignes, il n'est parlé que d'une chose dans le salon du riche et dans la mansarde du pauvre. Ce sont de grandes funérailles, dit-on ! Oui, mais bien au-dessous encore du grand deuil dont elles étaient l'objet !!!...   A. BLANC.

DISCOURS DE M. BARAGNON.

« Messieurs,

» Je viens au nom de la famille Lapaine, si cruellement éprouvée, au nom aussi des membres de la famille administrative, vous remercier de votre concours empressé dans cette douloureuse circonstance.

» Des marques aussi unanimes de sympathie et de respect sont à elles seules le meilleur éloge de celui qui a su inspirer de tels regrets, et nul n'en était plus digne que M. Lapaine.

» Fils de ses œuvres, M. Lapaine n'a dû qu'à lui-même la situation élevée à laquelle il était parvenu.

» Nommé secrétaire dans les commissariats civils, en 1840, et successivement commissaire civil de Constantine, conseiller de direction à Alger, conseiller faisant fonctions de secrétaire général, puis secrétaire général à la préfecture d'Alger, conseiller rapporteur au conseil du gouvernement, chef du secrétariat du conseil supérieur au ministère de l'Algérie et des colonies, préfet du département de Constantine, nous le voyons arriver le 5 septembre 1864 à la plus haute position de l'administration civile de l'Algérie : celle de secrétaire général du gouvernement.

» Ce n'était là qu'une récompense due à d'éminents services, et à la part active prise par lui à toutes les grandes œuvres qui ont fait de l'Algérie barbare de 1830 la grande colonie française d'aujourd'hui.

» C'est de cette position que la confiance de l'Empereur l'appela à l'administration du département des Pyrénées-Orientales.

» D'autres se sont réservé le soin de vous dire tout ce que M. Lapaine a fait pour le département pendant son trop court passage parmi nous. Je me bornerai seulement à vous rappeler que nul plus que lui ne s'est préoccupé du sort des classes laborieuses et n'a pris plus à cœur les questions relatives à l'assistance publique et à l'instruction primaire.

» La caisse des invalides du travail, récemment fondée par lui, restera désormais dans le département comme un monument impérissable de sa sollicitude pour l'indigent. [1]

» D'ailleurs, administrateur laborieux autant qu'éclairé, chef équitable et bienveillant, esprit loyal et conciliant, il avait toutes les qualités qui assurent à l'homme public l'estime et l'affection.

» Ces qualités n'étaient pas moindres chez l'homme privé.

» Tous ceux qui l'ont approché ont pu se convaincre de la courtoisie et de l'affabilité de ses manières, de la sûreté de ses relations, de la serviabilité de son caractère, du charme de son esprit, de la variété et de l'étendue de ses connaissances ; mais ceux-là surtout qui, comme ses collaborateurs, faisaient en quelque sorte partie de sa famille, peuvent savoir jusqu'où allait l'exquise délicatesse de ses sentiments, la générosité de son cœur, la tendresse et le dévouement du père de famille.

» Et il a fallu que la mort, en brisant une carrière ouverte aux plus belles espérances, vînt le ravir encore dans la force de l'âge à l'estime de ses nombreux amis, à l'affection d'une compagne et d'une famille que sa perte laissent plongées dans la plus affreuse affliction.

» Que du moins le souvenir de tout le bien qu'il a fait soit pour

---

1. .... En résumé : création dans le département des Pyrénées-Orientales, et au profit de tout le département, d'une institution spéciale classée comme établissement d'utilité publique, alimentée par des dons, legs, subventions, souscriptions, etc., et destinée à servir des pensions viagères ou des pensions temporaires aux ouvriers invalides, aux veuves et aux vieillards indigents des villes et des campagnes, ou, quand il y aura lieu, à payer les frais de leur admission dans un hospice ; capitalisation successive de la totalité ou d'une partie des sommes échues à l'institution pour le revenu seul en être employé à l'usage ci-dessus indiqué ; admission aux bénéfices de cette assistance de ceux-là seulement qui, étant de bonnes vie et mœurs, auront été réduits à l'impossibilité de gagner leur vie par des causes complétement indépendantes de leur volonté et sans qu'il y ait de leur part défaut de prévoyance et de courage au travail, en tenant compte, bien entendu, dés secours déjà accordés aux ouvriers blessés sur les chantiers des travaux publics, aux termes de l'arrêté du ministre des travaux publics de 1848.

(Extrait du rapport de M. Lapaine au Conseil général, session de 1867.)

ses enfants, auxquels il laisse un nom si pur et si honorablement porté, un sujet de consolation et d'orgueil, qu'il soit pour nous, qui eûmes l'honneur d'être ses collaborateurs, un noble exemple que nous nous efforcerons toujours de suivre et d'imiter. »

DISCOURS DE M. NOÉ

« Messieurs,

» Il y a dans ces funérailles plus que la douleur d'une famille, plus que le désespoir d'une mère et d'enfants éplorés : il y a un deuil public, et cette autre famille qui s'appelle le département des Pyrénées-Orientales revendique sa part dans les larmes et les regrets. M. Lapaine n'était sans doute pas destiné à demeurer longtemps parmi nous : mais il nous eût quittés pour trouver dans des fonctions plus élevées la juste récompense du bien accompli ; — il ne nous eût pas été ravi ; — de loin, comme de près, il eût encouragé et soutenu l'œuvre de progrès inaugurée par ses soins. La mort, — une mort sans adieux, — l'a frappé à l'improviste : ses yeux, fermés désormais aux pâles lumières qui éclairent notre marche ici-bas, se sont rouverts pour l'éternelle contemplation de ces grandes lois du Vrai et du Beau, dont il parlait éloquemment, et sur lesquelles il s'attachait à régler sa conduite. On n'est pas suspect de flatterie envers les morts : et dans la douleur qui nous frappe, qu'il nous soit du moins permis de dire tout le bien que nous pensons de celui qui n'est plus.

» M. Lapaine avait passé vingt-six ans en Afrique : d'une position modeste, il s'était élevé aux importantes fonctions de secrétaire général du gouvernement. Il comptait sans doute trouver en France le calme et le repos, mais notre département devait lui fournir l'occasion de déployer les plus brillantes et les plus solides qualités de l'administrateur. En peu de temps, il connut les besoins du pays : instruction primaire, assistance publique, vicinalité, intérêts industriels et commerciaux, tout fut rapidement embrassé et successivement soumis à de profondes études dont vous avez vu les fruits. Je n'ai pas besoin de rappeler ses efforts pour le développement de l'instruction dans les classes pauvres : par ses soins, un modeste instituteur reçut la croix d'honneur ; c'était, aux yeux des populations de la campagne, flétrir l'ignorance et décorer le savoir. L'assistance publique fut l'objet de ses plus constantes préoccupations : il était de son temps, et ne craignait pas d'envisager les problèmes sociaux qui se posent devant tout homme de bonne foi et de bonne volonté. Appelé, il y a un mois à peine, au sein de la commission des chemins vicinaux, il nous charmait et nous entraînait, par son ardeur, pour une prompte et complète transformation. Il apportait, dans les discussions du conseil général, un sens droit et pratique, une longue expérience, une courtoisie qui ne se démentait jamais. Il mettait au service des intérêts départementaux l'influence que ses grandes relations assuraient à sa parole. Il savait écouter, et accueillait avec les mêmes égards tous ceux qui s'adressaient à lui. Je ne veux pas le louer de sa probité : être honnête, c'est mettre l'orthographe, me disait-il un jour ; il vaut mieux admettre que tout le monde la met bien ; mais je le louerai de sa bonté. Il n'ignorait pas que la manière de donner vaut mieux que ce que l'on donne. Doué d'un esprit très vif et d'un cœur excellent, il savait corriger les vivacités de l'un par les affectueuses inspirations de l'autre. Il avait pour l'avenir de la société ces ardentes préoccupations qui sollicitent à notre époque tous les esprits d'élite : mais quand la raison se troublait en présence de la grandeur des problèmes, il faisait avec confiance appel aux sentiments généreux qui sont le fond même de la nature humaine et que l'instruction doit dégager et féconder. — Et c'est là le secret de ce frémissement douloureux qui a couru partout avec la fatale nouvelle ; il était aimé, parce qu'il aimait.

» Et maintenant que nous reste-t-il de lui? — Tout ce qu'il est permis à l'homme de laisser sur cette terre, le souvenir de ce qu'il a fait, souvenir stérile ou fécond, suivant que le voudront les témoins de sa vie. Que chacun de nous fasse, comme lui, la guerre à l'ignorance, cette misère de l'esprit, et à tous les mauvais sentiments qui sont comme la misère du cœur, et notre département, pour qui la nature a tout fait et les hommes si peu, aura bientôt conquis le rang qu'il devrait occuper : ce sera rendre à la mémoire de M. Lapaine l'hommage dont certainement son ame se fût montrée le plus touchée. »

DISCOURS DE M. PASSAMA

MAIRE DE PERPIGNAN.

« Messieurs,

» Des collaborateurs intimes et les mandataires de nos intérêts généraux ont versé leurs pleurs, avec leurs regrets, sur la tombe d'un administrateur qui a mis tous ses efforts à pousser notre pays au niveau des départements les plus prospères de l'Empire.

» Entre toutes les communes, celle de Perpignan doit surtout déposer, auprès de ces froides dépouilles, un tribut de douleur profonde et de légitimes sympathies.

» Des relations particulières et une affection pleine de dévouement me rendent trop pénible le devoir d'exprimer votre pensée commune et mes sentiments personnels. Je sens, dans le cœur, les larmes étouffer mes paroles ; cette douloureuse séparation me plonge dans un morne abattement.

» Ai-je besoin, d'ailleurs, de dire vos secrètes impressions ? Dans la nuit fatale où retentit ce cri terrible : « M. le Préfet n'est plus ! » la funèbre nouvelle pénétra aussitôt dans toutes les demeures, et chacun se sentit frappé, comme si la Mort s'était appesantie sur sa propre famille.

» Et la ville s'est voilée de deuil, et les joies, les bruits, les plaisirs, tout s'est éteint, pour attester combien celui qui nous a été si tôt et si tristement enlevé avait su mériter l'attachement de la population tout entière.

» Il y a deux ans, M. Lapaine arrivait au milieu de nous, quittant une contrée dans laquelle, après vingt-cinq ans d'administration, il ne laissait que des amis. Dès les premiers jours, son regard assuré avait sondé la situation ; il avait apprécié nos souffrances et nos innombrables besoins.

» Notre isolement même l'avait attaché à notre contrée : ardent au travail, apportant son concours à toutes les études, plein de sollicitude pour tous les intérêts, il avait ranimé autour de lui cette vie active, laborieuse, qui a déjà bien rempli le présent et qui nous promettait tant d'améliorations dans un prochain avenir.

» Rien n'égalait le mérite de l'administrateur, si ce n'est les rares qualités de l'homme privé.

» Accessible à tous, venant au-devant de ceux qui n'osaient aller le trouver, toujours digne et toujours affable, plein de tact et d'exquise convenance autant que de saine et facile conception ; ne tenant compte des heures que pour les donner aux affaires ; ami de la classe ouvrière dont il estimait la noble indépendance et l'inflexible honnêteté ; préoccupé surtout du sort des malheureux, entrant avec l'infortune dans leur réduit, ne refusant jamais un secours, ne faisant jamais attendre un service, toujours généreux et toujours modeste ; tel est l'homme que chacun a connu et qui a fait sa famille de toute une population.

» La veille de son dernier jour, un sinistre est signalé. Il accourt des premiers ; il s'empresse auprès des blessés ; il les console, les rassure, les encourage, et ne les quitte que pour s'informer à toute heure de leur situation. L'un d'eux est dans une position malheureuse ; sa dernière pensée est pour lui, son dernier mot est la promesse d'un bienfait.

» Tant de bienveillance lui avait gagné tous les cœurs.

» Votre nombreux concours est un juste hommage rendu à sa mémoire. Ses cendres, je l'espère, auront acquis parmi nous droit de cité : auprès d'elles veilleront sans cesse notre vive reconnaissance et notre affectueux souvenir. »

(Extrait du *Journal des Pyrénées-Orientales* du 31 décembre 1867.)

INAUGURATION

DU MONUMENT ÉLEVÉ A LA MÉMOIRE DE M. LAPAINE.

Ainsi que nous l'avons dit, c'est mardi dernier que les restes mortels de M. Lapaine ont été tirés du caveau de la famille Henry

Boluix, pour être placés dans le monument que leur a élevé le pieux souvenir du département.

Le clergé de la cathédrale a procédé à la cérémonie religieuse, entouré de la commission du monument et d'un grand nombre de notabilités, à la tête desquelles M. le baron Tharreau, successeur de l'administrateur éminent auquel nous rendions un dernier hommage.

Le fils du défunt préfet était venu de Lyon assister à la translation des cendres de son père ; et sa présence, la douleur surtout qu'il montrait, ajoutaient à la tristesse des lieux et des circonstances où nous nous trouvions.

M. de Lamer, membre du conseil général, a dit quelques mots sur le caveau funéraire encore ouvert ; et M. Justin Pépratx a prononcé un discours au nom de la Commission du monument.

Disons néanmoins, auparavant, comment a été conçu le monument auquel nous avons souscrit.

Le monument funèbre de M. Lapaine rappelle, par le style et les détails, les cénotaphes romains.

Sur un soubassement en pierre polie s'élève un massif monolithe aux faces légèrement inclinées, couronné d'une forte moulure à cannelures entremêlées de rosaces auxquelles se rattache une guirlande d'immortelles dont les festons rompent heureusement les lignes droites qui dominent dans l'ensemble. Au dessus repose la représentation du sarcophage recouvert d'une sorte de toit à double pente. L'un des tympans des petits côtés porte une croix en haut relief, l'autre une couronne d'olivier.

Sur la face du massif, qui regarde l'entrée du cimetière, l'inscription suivante est gravée en beaux caractères romains :

A M. FORTUNÉ LAPAINE,

PRÉFET DES PYRÉNÉES-ORIENTALES,

NÉ A TAIN (DRÔME), LE 16 OCTOBRE 1816,

MORT A PERPIGNAN,

LE 28 DÉCEMBRE 1867.

Et, plus bas, sur la plinthe :

ÉRIGÉ PAR SOUSCRIPTION DÉPARTEMENTALE.

Le tout est entouré de dix bornes carrées, reliées par des chaines de bronze antique.

Le massif et le sarcophage sont en pierre blanche ; le soubassement et les bornes de clôture, en pierre polie dont la teinte sombre contraste heureusement avec celle du corps du monument.

L'ensemble, d'un style simple et sévère, nous parait faire le plus grand honneur à l'auteur du projet, M. Selva, architecte de la ville, ainsi qu'à M. Lacombe, sculpteur, qui l'a exécuté.

Voici, maintenant, le discours de M. J. Pépratx :

« Messieurs,

« Il y a un an, presque à pareil jour, un deuil public couvrait la cité : la population tout entière, réunie dans cette funèbre enceinte, disait assez quel fut l'homme que l'on y accompagnait et les regrets qu'il laissait.

» C'était un grand et solennel spectacle, et qui rendait plus lugubre encore le grand deuil qu'il couvrait.

» Autour de cette tombe, entourée de toutes les illustrations du pays, et où retentirent des paroles si éloquentes et si vraies, naquit spontanément dans tous les cœurs le désir de donner aux cendres de M. Lapaine droit de cité parmi nous.

» Ce vœu, exprimé ici même par des voix autorisées, fut accueilli partout avec empressement, et nous fûmes chargés de le réaliser.

» Notre tâche est accomplie, Messieurs. L'or du riche et l'obole du pauvre ont plutôt prévenu que suivi notre appel, et, grâce à cet empressement pieux, nous pouvons aujourd'hui offrir une hospitalité digne d'une grande population aux restes de celui qui comprit si bien nos intérêts et qui les servit avec tant de zèle et de dévouement.

» Devant cette tombe qui va se refermer à jamais, en présence de ce monument, solennel témoignage de notre reconnaissance et de nos regrets, permettez-moi de préciser en peu de mots le sens de cette flatteuse manifestation, et de redire ce que fut celui qui va y dormir son dernier sommeil.

» Après avoir brillamment parcouru tous les degrés de la hiérarchie, sur cette vieille terre d'Afrique qui mûrit si vite nos administrateurs et nos soldats quand elle ne les tue pas, M. Lapaine fut appelé aux fonctions de préfet de notre département.

» Dans cette position élevée, dépositaire de la confiance et de l'autorité du gouvernement, la connaissance des hommes n'est pas moins utile que celle de l'administration. Il faut savoir diriger même leurs passions, pour les faire concourir, souvent à leur insu, au bien général commun.

» M. Lapaine possédait au plus haut degré cette difficile science, et il la mit au service de nos populations avec un zèle et une abnégation sans bornes. Homme de cœur, doué d'un tact et d'une sensibilité rares, il consacra sa belle intelligence et son infatigable activité à faire comprendre et aimer dans notre département les généreuses et libérales intentions du gouvernement impérial, s'inspirant surtout de cette auguste et magnanime pensée, qui poursuit avec une persévérance que ne lassent ni les dénigrements systématiques, ni les défaillances, cette double et magnifique tâche : l'apaisement des partis et l'amélioration du sort des classes populaires.

» Il fit appel à tous les hommes de bonne volonté, et il eut le bonheur d'être souvent entendu. Bien des haines vivaces s'attiédirent et désarmèrent, étonnées de se rencontrer sur le terrain neutre d'une commune sympathie.

» Plein de sollicitude pour toutes les misères de la classe laborieuse, il s'appliqua spécialement à propager l'instruction populaire, ce remède tout-puissant de bien des misères morales, et à développer l'assistance publique afin que pas une indigence imméritée ne restât sans secours. Tâche noble et généreuse, que la mort vint trop tôt, hélas ! interrompre pour lui, mais que d'autres certainement sauront achever.

» Voilà pourquoi nos populations se montrèrent si émues à la nouvelle de cette mort si inattendue. Voilà la cause vraie de si nombreuses et si chaudes adhésions lorsqu'il s'est agi de consacrer d'une manière durable le souvenir de cet homme de bien.

» C'est que le peuple, dans son infaillible instinct, sait distinguer ses vrais amis : il les respecte et les écoute pendant leur vie, et, à leur mort, il leur dresse des monuments pour porter l'expression de sa reconnaissance aux plus lointaines générations.

» Mais nous pouvons mieux faire encore, pour honorer la mémoire de M. Lapaine, en continuant l'œuvre d'apaisement et de conciliation qu'il avait entreprise. Déposons dans cette tombe toutes nos rivalités, toutes nos jalousies, et, cordialement unis dans une commune pensée de dévouement au bien public, travaillons sans relâche à l'œuvre sainte de la civilisation et du progrès. »

(Extrait du *Journal des Pyrénées-Orientales* du 15 janvier 1869).

DISCOURS DE M. JULES DE LAMER

CONSEILLER GÉNÉRAL.

« Messieurs,

» M. Lapaine, qui était pour tous d'une bienveillance extrême, se montrait pour quelques-uns d'entre nous d'une bonté plus grande encore. Nous allions toujours vers lui pleins de confiance, parce que les intérêts publics que nous avons l'honneur de représenter étaient certains de trouver toujours en lui un protecteur, un ami.

» Son empressement, ses sympathies, sa bonne grâce, son désir de nous satisfaire ne sauraient se comparer qu'à l'étendue de notre gratitude et à la grandeur de notre deuil.

» La translation de ses restes dans ce nouveau mausolée, nous remet en mémoire tout ce que nous avons perdu. Tout ce que nous pourrions dire serait impuissant à exprimer la tristesse de nos pensées.

» Le fils de M. Lapaine, que la piété filiale conduit au pied de ce tombeau, ne sera qu'un interprète fidèle en affirmant à sa mère vénérée que la reconnaissance publique des Pyrénées-Orientales partage son inconsolable douleur.

www.ingramcontent.com/pod-product-compliance
Lightning Source LLC
LaVergne TN
LVHW051145060726
842526LV00006B/2231